FÉ COMO UM GRÃO DE MOSTARDA

Fé como um grão de mostarda

Texto original de
Antonio Carlos de Souza

ISBN: 85-87301-43-8

Primeira edição: janeiro de 2001.

Capa: Thiago Vinícius de Souza

Filiado a:

abec sócio

Vinhedo - SP
Fone: (019) 3876-1052

Visite nosso site na Internet:
www.ifceditora.com.br

DEDICATÓRIA

Este livreto é sinceramente dedicado a todos os que desejam desenvolver uma vida crescente de fé.

ÍNDICE

Introdução

A principal razão que me levou a escrever este livreto, foi a de trazer ao povo de Deus a revelação de um texto bíblico que, muitas vezes, tem sido mal interpretado, o que tem gerado controvérsias e, infelizmente, até pilhérias.

A palavra de Deus deve ser encarada com muita seriedade e respeito. As afirmações nela contidas não devem ser motivo de dúvida:

"Pois tudo quanto outrora foi escrito, para o nosso ensino foi escrito, a fim de que, pela paciência, e pela consolação das Escrituras, tenhamos esperança." - Romanos 15: 4.

Tenho certeza de que com a leitura do ensino aqui contido, vidas serão edificadas, interpretações erradas serão corrigidas, e principalmente, servirá para ajudar e estimular os filhos de Deus, aqueles que são nascidos de novo, a desenvolver uma vida de fé.

Oro a Deus para que o Espírito Santo esteja ministrando na vida de todos quantos estejam buscando, com um coração sincero e desejo ardente, conhecer e andar na verdade.

Pr. Antonio Carlos de Souza

Capítulo I

O limite da fé

O texto ao qual me referi na introdução deste livro, fala sobre a fé que remove montes:

"E ele lhes respondeu: Por causa da pequenez da vossa fé. Pois em verdade vos digo que, se tiverdes fé como um grão de mostarda, direis a este monte: Passa daqui para acolá, e ele passará. Nada vos será impossível." - Mateus 17: 20.

A ênfase que geralmente é dada a esse versículo, inclusive objeto de muitas pregações, é de que a fé da qual Jesus está se referindo, tem que ser do "tamanho" de um grão de mostarda. Se você tiver fé do tamanho de um grão de mostarda, você vai remover montes. Por causa desta afirmação, vemos pessoas dizendo que nunca viram um monte sendo removido e fazendo disso motivo de chacota.

A prova de que este conceito está errado, é o fato do próprio Senhor Jesus afirmar que eles não conseguiram expulsar o demônio do menino (Mateus 17: 15 – 20), por causa da pequena fé que eles tinham. Se a pequena fé deles não conseguiu expulsar um demônio, conseguiria remover grandes montes? É claro que não. Logo, está fora do contexto a questão de que uma pequena fé remove montanhas ou árvores.

Existem cristãos que acham que não têm fé pelo fato de nunca terem removido um montinho sequer e começam a comparar o que Jesus está ensinando com o tamanho da sua fé. Com isso muitos se sentem desanimados e acabam por achar que nunca vão andar vitoriosamente pelas veredas da fé.

Jesus não está afirmando que é a fé do tamanho de um grão de mostarda que vai remover montes. O que ele está querendo é nos dar um grande ensinamento sobre fé e o pensamento não está completo somente com esta afirmação. Precisamos conhecer o contexto e a revelação da palavra de Deus para entendermos corretamente o que o Mestre está querendo nos ensinar:

"Mas Deus no-lo revelou pelo Espírito, porque o Espírito a todas as cousas perscruta, até mesmo as profundezas de Deus." – I Coríntios 2: 10.

Fé como e não do tamanho

Primeiramente observe que Jesus chama a atenção dos discípulos por causa da pequenez da fé deles, ou seja, que por causa do tempo em que estavam caminhando com Ele, eles já deveriam ter desenvolvido uma fé maior. Então Jesus lhes dá uma informação que é tão preciosa para eles quanto o é para nós: ele lhes diz que a fé deve ser como um grão de mostarda.

Note que ele não está falando que a fé tem

que ser do tamanho, mas sim, "como" um grão de mostarda. Será que existe diferença entre tamanho e como, ou será simplesmente um mero jogo de palavras? Com certeza existe muita diferença; é justamente nesta diferença que se encontra a revelação. Às vezes, por causa de uma palavra, mudamos totalmente o significado de determinadas questões bíblicas.

Jesus, neste versículo, está estabelecendo o limite que a fé pode alcançar. Ele diz que a fé poderá crescer tanto até chegar ao ponto de remover montes. Para isso ela precisa ser <u>como</u> um grão de mostarda. No dia em que você usar sua fé e os montes começarem a se mexer, isto significa que você alcançou o nível máximo de fé.

Aqui está o verdadeiro sentido do ensino de Jesus quanto a fé que remove montes, ela tem que ser como um grão de mostarda, ou seja com a mesma característica deste.

Portanto, se você andava preocupado com o nível da sua fé, tenho certeza que aprendendo sobre o grão de mostarda, você vai poder desenvolvê-la, e assim, andar como um cristão vitorioso e desfrutar da vida abundante da qual Jesus nos falou:

"... eu vim para que tenham vida e a tenham em abundância". – João 10: 10b.

Vida abundante é aquela que se vive pela fé, pois todos os problemas, todas as dificuldades são vencidas no âmbito da fé:

"porque tudo o que é nascido de Deus vence o mundo; e esta é a vitória que vence o mundo, a nossa fé." - I João 5: 4.

Capítulo 2

O grão de mostarda

Para podermos entender o significado espiritual do que Jesus estava dizendo, temos que recorrer a própria palavra de Deus, pois a Bíblia explica a Bíblia. Vamos ver o que ela tem a nos revelar sobre o grão de mostarda:

"Outra parábola lhes propôs, dizendo: O reino dos céus é semelhante a um grão de mostarda, que um homem tomou e plantou no seu campo; o qual é, na verdade, a menor de todas as sementes, e, crescida, é maior do que as hortaliças, e se faz árvore, de modo que as aves do céu vêm aninhar-se nos seus ramos." – Mateus 13: 31, 32.

A palavra de Deus é de uma sabedoria extraordinária e nos dá as orientações que necessitamos para quaisquer dúvidas que possamos ter com relação aos mais diferentes assuntos. O maior problema está nas pessoas que querem explicar as coisas baseadas no seu "achômetro" em vez de buscarem o que a Bíblia diz sobre as mesmas.

Com relação a essa questão da fé que remove montes, o versículo de Mateus 17: 20 mencionado no capítulo 1 deste livro, tem seu complemento nos versículos acima descritos. O ensinamento que temos aqui não só irá deixar o leitor mais tranqüilo como também estimulá-lo a desenvolver a sua fé.

Note o que Jesus está ensinando sobre o grão de mostarda. Um método instrutivo que Jesus usava, era o de exemplificar seus ensinos com coisas naturais para explicar coisas espirituais, visando facilitar o entendimento dos seus ouvintes.

Jesus, para não deixar dúvidas sobre o significado do grão de mostarda, nos fornece as explicações sobre o processo de desenvolvimento do mesmo. Vamos, portanto, meditar sobre este ensinamento tão importante para a fé cristã:

A menor de todas as sementes

Com relação ao grão de mostarda, a primeira informação que temos através do texto bíblico é de que ela é a "menor de todas as sementes". Aqui Jesus está nivelando por baixo, dando-nos a entender que este ensino é para todos os cristãos, e principalmente àqueles que acham que sua fé é a menor dentre todo o povo de Deus.

Existem irmãos que ficam desanimados achando que nunca vão conseguir levar uma vida de vitória por não possuírem uma fé grande. Se você se julga dessa maneira, quero lhe dizer que você pode mudar sua vida a partir de hoje e passar a viver numa nova dimensão espiritual. Deus não se esqueceu de você.

Não importa qual o tamanho da sua fé. O importante é que você saiba que seja ela do tamanho que for, poderá ser desenvolvida de forma crescente até atingir níveis mais elevados, fazendo com que as promessas de Deus sejam uma realidade na sua vida e não simples conhecimento intelectual:

"E, assim, a fé vem pela pregação e a pregação pela palavra de Cristo." - Romanos 10: 17.

Quanto mais ouvirmos a palavra de Deus, maior será o conhecimento que teremos de suas promessas. Este "ouvir" a palavra de Deus não é meramente escutar uma pregação, mas ouvir Deus falar conosco. Como isso acontece? Quando estamos meditando na Sua palavra ou ouvindo uma mensagem, o Espírito Santo nos traz uma palavra específica ao nosso espírito. Como somos guiados pelo Espírito, neste relacionamento com Deus passamos a ouvir Sua voz falando especificamente dentro de nós.

O importante nesta questão é o que estamos ouvindo. Há alguns anos atrás, eu tomei uma decisão de rejeitar toda palavra de incredulidade e ficar atento somente àquela que serviria para edificar a minha fé. Esta foi a melhor decisão que tomei em minha vida, pois eu passei a crescer espiritualmente. Existem ao nosso redor pessoas que parecem querer nos desanimar e nos levar a descrer em Deus e em suas promessas. Portanto, amado irmão, rejeite as palavras que não servem para edificá-lo e ajudá-lo e abra bem os seus ouvidos para tudo que sirva para o desenvolvimento da sua fé.

O grão que cresce

Em segundo lugar, Jesus nos dá a informação que a semente cresce. Isto quer dizer que ela passa por um processo de crescimento desde a sua semeadura como uma pequena semente. A revelação contida nesta afirmação é a de que nossa fé, ainda que seja a menor de todas, não só pode como deve ser desenvolvida, ou seja, crescer. Quando o versículo diz sobre a fé que remove montes, ele está estabelecendo o limite que a fé pode atingir.

No dia em que alguém começar a usar sua fé e os montes começarem a se deslocar de um lugar para o outro, essa pessoa atingiu então o limite máximo que a fé pode alcançar. Por isso, se você já tentou remover montes e até hoje não conseguiu, não desanime pois até o momento em que estou escrevendo este livro, não conheci alguém que já o tenha feito.

Jesus não falou da fé que remove montes no sentido que todo aquele que diz ter fé, deva remover montes. Ele está nos desafiando a buscarmos sempre o desenvolvimento da fé num processo contínuo, pois esta é a forma de vida no reino de Deus:

"De fato, sem fé é impossível agradar a Deus, porquanto é necessário que aquele que se aproxima de Deus creia que ele existe e que se torna galardoador dos que o buscam." – Hebreus 11:6.

Em quatro passagens bíblicas, Deus nos alerta para o fato de que todo aquele que foi justificado, deve viver a nova vida em Cristo através da fé (Habacuque 2:4; Romanos 1:17; Gálatas 3:11 e Hebreus 10:38).

A fé de Paulo

Nem mesmo o Apóstolo Paulo, um homem de fé e extraordinariamente usado por Deus, possuía ainda essa fé. Será que podemos afirmar tal coisa? Antes que você me chame de herege, posso provar isso biblicamente:

"Ainda que eu tenha o dom de profetizar e conheça todos os mistérios e toda a ciência, ainda que eu tenha tamanha fé ao ponto de transportar montes, se não tiver amor, nada serei." - I Coríntios 13: 2.

Embora Paulo fosse um homem de uma grande fé, não vemos nenhum relato bíblico de que ele tenha removido montes. Ele próprio afirma no texto acima que "ainda" que ele tivesse tal fé, significando que ele também não tinha atingido ainda uma fé tão grande, que chegasse até esse ponto.

Capítulo 3

Passos de fé

Às vezes, nós olhamos pessoas com uma grande fé e pensamos que elas, ao nascerem de novo (quando foram salvas), já nasceram com essa fé. Isso não é verdade. Alguns desenvolvem a fé mais rapidente do que outros, assim como, também alguns atingem níveis mais altos do que outros. A pergunta é: "Como isso acontece?".

Primeiro precisamos entender que a fé cresce. Isto que dizer que, como já afirmamos anteriormente, assim como um grão de mostarda, por menor que a fé pareça ser, ela pode ser desenvolvida e alcançar níveis mais elevados.

Como isso vai acontecer? Através de situações que vão aparecer na sua vida, nas quais você terá a oportunidade de praticar a fé. O grande problema é que quando aparecem oportunidades de praticar a fé, nós as encaramos como uma coisa prejudicial que vem para atrapalhar nossa vida. Deixe-me dizer algo que poderá mudar sua vida: "O que faz com que um crente seja vitorioso e outro derrotado, é a maneira como cada um olha o problema".

Certa vez ouvi de um mestre a seguinte história sobre dois vasos que eram descidos ao poço para pegar água: "Um dizia todo descontente e queixoso: Toda vez que eu subo cheio eu volto vazio. Já o outro tinha uma visão diferente da situação e todo feliz dizia: Toda vez que eu desço vazio, eu subo cheio". A forma como vemos a situação é que faz a diferença.

A terra prometida

Para entendermos sobre passos de fé, vamos examinar o que aconteceu com o povo Hebreu que se encontrava escravizado no Egito. Não vamos entrar em muitos deta-

lhes sobre este acontecimento para que possamos manter a idéia central deste capítulo. Deus viu a aflição deste povo e chamou Moisés para libertá-lo:

"Disse ainda o Senhor: Certamente vi a aflição do meu povo, que está no Egito, e ouvi o seu clamor por causa dos seus exatores. Conheço-lhe o sofrimento, por isso desci a fim de livrá-lo da mão dos egípcios, e para fazê-lo subir daquela terra a uma terra boa e ampla, terra que mana leite e mel; o lugar do cananeu, do heteu, do amorreu, do ferezeu, do heveu, e do jebuseu." - Êxodo 3:7, 8.

Deus prometeu que ao tirar o seu povo do Egito, lhes daria uma terra bastante fértil que estava de posse de outros povos. Moisés, usando da autoridade que lhe foi dada por Deus, libertou o povo do Egito, abriu o Mar Vermelho para que o povo passasse em terra seca e quando o mar se fechou, o exército do Faraó foi destruído. Finalmente chegaram próximo a entrada da terra prometida. Moisés enviou então doze homens para

espiarem a terra e fazerem um relatório sobre a mesma:

"Disse o Senhor a Moisés: Envia homens que espiem a terra de Canaã, que eu hei de dar aos filhos de Israel; de cada tribo de seus pais enviareis um homem, sendo cada qual príncipe entre eles." - Números 13: 1.

Estes espias (um de cada tribo do povo de Israel) foram, observaram a terra e voltaram trazendo um relato do que eles observaram:

"Relataram a Moisés, e disseram: Fomos à terra a que nos enviaste; e verdadeiramente mana leite e mel; este é o fruto dela." - Números 13: 27.

Se os espias tivessem parado seu relato neste ponto, tudo bem. O problema é que em vez de fixarem seus olhos na promessa, eles começaram a olhar as dificuldades que teriam para conquistar a terra prometida:

"O povo, porém que habita nessa terra é poderoso, e as cidades mui grandes e fortificadas; também vimos ali os filhos de Enaque. Os amalequitas habitam na terra do Neguebe; os heteus, os jebuseus e os amorreus habitam na montanha; os cananeus habitam ao pé do mar e pela ribeira do Jordão." - Números 13: 28, 29.

Deus tinha ordenado que eles olhassem para a bênção que iriam receber e não para os problemas. Eles deveriam crer na promessa de Deus e entrar de posse da terra, confiando que o Senhor Deus lhes daria vitória. Calebe bem que tentou dissuadir o povo a que entrasse e possuísse a terra, sem contudo obter êxito (Números 13:30). Em vez disso começaram a murmurar e, em vez de darem os passos de fé, ficaram parados se lamuriando:

"Porém os homens que com ele tinham subido disseram: Não poderemos subir contra aquele povo, porque é mais forte do que nós. E, diante dos filhos de Israel, infamaram a terra, que haviam espiado, dizendo: A ter-

ra, pelo meio da qual passamos a espiar, é terra que devora os moradores; e todo o povo que vimos nela são homens de grande estatura." – Números 13: 31, 32.

A ordem de Deus era para confirmar a bênção, crer na promessa e tomar posse da terra. O povo olhou para as dificuldades, esqueceu da promessa e perdeu a oportunidade de experimentar o grande mover de Deus na suas vidas. Veja o que aconteceu àquele povo:

"Até quando sofrerei esta má congregação que murmura contra mim? Tenho ouvido as murmurações que os filhos de Israel proferem contra mim. Dize-lhes: Por minha vida, diz o Senhor, que como falastes aos meus ouvidos, assim farei a vós outros. Neste deserto cairão os vossos cadáveres, como também todos os que de vós foram contados segundo o censo, de vinte anos para cima, os que dentre vós contra mim murmurastes; não entrareis na terra, pela qual jurei que vos faria habitar nela, salvo Calebe, filho de Jefoné, e Josué filho de Num." - Números 14: 27 a 30.

Da mesma forma, muitos cristãos deixam de experimentar o poder milagroso de Deus para a solução de seus problemas, pois, em vez de desenvolver fé através das diversas oportunidades que se apresentam, deixam-se levar pelo desânimo e olham os obstáculos não como desafio, mas como barreiras de difícil transposição. Resultado: acabam por viver uma vida cristã aquém daquela que Deus tem prometido na sua palavra.

O deserto é o lugar para onde são levados todos aqueles que duvidam das promessas de Deus. É onde a pessoa sofre por deixar de andar por fé. Esta é a razão pela qual muitos levam uma vida árida, sem desfrutar das bênçãos que Deus tem prometido em sua palavra.

O que são passos de fé

Para entendermos este assunto, vamos analisar o versículo a seguir:

"Todo lugar que pisar a planta do vosso pé vo-lo tenho dado, como eu prometi a Moisés." - Josué 1: 3.

Josué havia substituído Moisés na tarefa de conduzir o povo à terra prometida. A primeira geração a quem Deus prometera a terra havia perdido a bênção como vimos anteriormente. Agora Deus ordena a Josué que possua a terra.

Quando Deus disse que onde Josué pisasse Ele lhe daria aquele lugar como possessão, isto significava que Josué deveria conquistar passo a passo aquela terra. Deus não falou pise uma vez e toda a terra é tua. Ele disse: "pise que eu te dou". A conquista era progressiva. Josué ia pisando a terra e Deus concedendo a vitória.

Aqui está um grande problema no nosso meio. Existem cristãos que estão dando passos maiores do que aqueles que a sua fé alcança. O que acontece quando alguém dá um passo maior do que a perna? Vai cair. É isto o que acontece com cristãos que acham que podem pedir o que quiserem e que Deus dá.

O Sr. João que faz o cafézinho na multinacional "X", liga a televisão e ouve alguém pregando que se você determinar ou tomar posse, é seu. Então o Sr. João se enche de ousadia e coragem e declara: "Eu tomo posse da presidência da empresa onde eu trabalho". Pronto já está concedido, o Sr. João agora é o novo presidente dessa multinacional. O Sr. João, que mal sabe ler e escrever mas é crente, tomou o lugar do Dr. Schimidt, um macumbeiro que fala sete idiomas, possui diversos cursos de pós-graduação no exterior, ministra palestras em conceituadas universidades e é reconhecido pela sua competência e capacidade de trabalho. Você acha que é assim que as coisas acontecem? Certamente que não.

Nosso Deus não é incoerente.

Infelizmente, existem muitos cristãos com suas vidas arrebentadas, e que não aparecem nos "tristemunhos" (não escrevi errado, é tristemunho mesmo) nas rádios e jornais ou programas evangélicos na televisão, porque tomaram posse daquilo que estava muito além da sua fé. Deram muito dinheiro à igreja para comprarem a bênção, fizeram dívidas além daquelas que poderiam pagar, determinaram a posse daquele carrão ou daquela mansão e não têm sequer uma casinha simples para viver.

Eu creio na bênção de Deus, creio no poder da fé, mas rejeito todo tipo de superstição que existe no meio do povo de Deus, como também todo tipo de exploração da ignorância dos mais simples.

Para que você possa crescer na fé, você tem que dar passos segundo o que a sua fé possa alcançar, e assim, sucessivamente. Você estará trilhando uma caminhada de fé segura e sem decepções, fazendo com que você desenvolva sua fé como um grão de mostarda.

Tome posse daquilo que você tem fé hoje. Comece a praticar a sua fé. Coloque alvos em que você tem fé para alcançar e coloque o seu pé nesse alvo. Você vai conseguir dar passos de fé.

Capítulo 4

Como fazer a fé crescer

O que se pretende a seguir, não é o desenvolvimento de um compêndio sobre o crescimento da fé, mas apresentar alguns passos importantes para se fazer com que ela cresça.

1º Passo: Crer incondicionalmente na palavra de Deus

A primeira coisa que temos que estabelecer em nossa vida cristã e que se reveste de um fator decisivo para quem quer viver uma vida de fé é esta: Crer que a palavra de Deus é verdadeira de Gênesis ao Apocalipse:

"Deus não é homem que minta; nem filho do homem, para que se arrependa. Porventura, tendo ele prometido, não o fará? Ou tendo falado, não o cumprirá." - Números 23: 19.

Um grande problema na vida de muitos cristãos é que eles, na maioria das vezes, comparam sua situação com o que a palavra de Deus diz e acabam por duvidar da eficácia da mesma. A condição indispensável para que a palavra de Deus se cumpra na vida de qualquer cristão é a de que ele creia integralmente nela, independente de como se encontra a sua situação ou as circunstâncias pelas quais esteja passando.

Normalmente o que vemos no cotidiano é cristãos invertendo a situação. Primeiro eles olham para o problema e depois vão ver o que a Bíblia diz e se perguntam: "Se as escrituras dizem assim e assim, por que então estou passando por esta situação?". Esta é a melhor maneira de se gerar incredulidade e desconfiança quanto ao cumprimento da palavra de Deus.

A maneira correta que deveríamos adotar

seria a de verificarmos o que as Escrituras dizem sobre o problema que estou atravessando e então tomar a seguinte posição: Eu estou passando por isto; as escrituras dizem assim e assim; portanto, Deus vai resolver meu problema, porque é isso que Ele fala na sua palavra.

2º Passo: Colocar a palavra de Deus em prática

Quando você tem a visão correta de como funciona a palavra de Deus, então o que deve fazer é colocá-la em prática. É esta é maneira que o cristão tem de provar que ela realmente funciona. Como fazer isso?

É sempre bom lembrarmos que é justamente quando temos problemas que se apresentam as oportunidades, eu disse oportunidades, de desenvolvermos nossa fé. Quando tudo vai bem é fácil eu dizer que tenho fé. A palavra de Deus nos diz que nossa fé é provada:

"Meus irmãos, tende por motivo de toda a alegria o passardes por várias provações, sa-

bendo que a provação da vossa fé, uma vez confirmada, produz perseverança. Ora, a perseverança deve ter ação completa, para que sejais perfeitos e íntegros, em nada deficientes." - Tiago 1:2 a 4.

Obviamente, ninguém gosta de provas pois elas têm o objetivo de verificar o grau em que você se encontra. Numa escola, a criança entra no primeiro ano e para passar para os anos seguintes ela vai fazer o que? Provas.

Da mesma forma no reino espiritual o crescimento vem através das provas. Elas funcionam da seguinte forma: "Deus permite que um problema se coloque no seu caminho. Você olha para ele e se pergunta o que eu faço agora? Mas como você é um bom crente, você pega sua Bíblia e vai verificar o que Deus fala a respeito daquele problema. Você medita naqueles versículos que encontrou e toma uma posição: Se Deus afirmou que esta situação já está sob Seu controle e que eu já venci em Cristo Jesus, então não vou me preocupar. Vou confiar totalmente no Senhor".

Parabéns você está tomando a atitude que o Senhor esperava de você: Confiança Nele.

No entanto, há crentes que estão sempre pedindo oração por isto ou por aquilo e nunca recebem nada. Sabem por quê? Não crêem, não têm fé. Um exemplo disso é aquele irmão ou irmã que vai ao culto, pede oração pela cura da sua coluna, e depois da oração, se ainda estiver doendo, diz que não foi curado (a). Está errado. Se a palavra de Deus diz que você já foi curado (Isaías 53: 5; Mateus 8: 17; 2 Pedro 2: 24), então você já foi, não importa o que você está sentindo. No reino espiritual a cura já aconteceu, agora você toma posse através da fé e aguarda o resultado acontecer.

É assim que funciona. O que precisamos é tomar uma posição de querer viver de fé em fé, se quisermos que ela cresça como um grão de mostarda.

"visto que a justiça de Deus se revela no evangelho, de fé em fé, como está escrito: O justo viverá por fé." - *Romanos 1:17.*

A vida cristã é um crescimento constante: de fé em fé. A incredulidade não exige nada de você, no entanto, a fé exige que você creia incondicionalmente em Deus e em sua palavra, independente das circunstâncias que o cercam.

Isso vai continuar durante toda a sua vida. É assim que o crente vive: da fé.

3º Passo: Aguardar a resposta de Deus

Este é outro grande obstáculo para que o cristão vença situações. Ele não tem paciência. Ora numa noite, e se a resposta não vier no dia seguinte, já desanima e começa a murmurar.

Depois que você creu na palavra de Deus, confiou nele, agora espere que a resposta virá:

"Com efeito, tendes necessidade de perseverança, para que, havendo feito a vontade de Deus, alcanceis a promessa." - *Hebreus 10: 36.*

Existem promessas de Deus para todas as áreas da nossa vida. Quando cremos nelas, aplicamos a palavra sobre os problemas que se apresentam a nossa frente e se permanecermos firmes na fé, certamente a vitória virá.

Até hoje não entendi muito bem como existem cristãos que só criticam aqueles que se levantam para ajudar o povo de Deus a andar em fé. Ficam dizendo que as coisas não são bem assim, que a vida cristã é de sofrimento, que o que temos a fazer é ficar pedindo misericórdia a Deus, que se o cristão está passando por problemas é porque é da vontade de Deus e não adianta fazer nada para mudar a situação. Enfim, em vez de estimular os cristãos a viverem uma vida crescente de fé, ficam desestimulando-os.

Rejeite toda palavra que venha trazer dúvida a sua fé, finque o seu pé nas promessas de Deus e não o retire até que você veja o cumprimento das mesmas em sua vida.

Faça com que, da mesma forma como acontece com o grão de mostarda, a sua fé cresça até se tornar uma grande fé.

Conclusão

Não importa qual o tamanho da sua fé, ela pode ser desenvolvida à semelhança de um grão de mostarda. O importante é que você esteja determinado a fazer com que ela cresça, procurando viver uma vida de fé, conforme mandamento da palavra de Deus.

Anime-se, faça como milhares de crentes que um dia tomaram a decisão de viver por fé e experimentaram uma mudança na sua condição de vida, saindo de uma situação de derrota, de tristeza e de angústia para uma outra de vitórias, paz e alegria.

Seja uma testemunha viva do poder de Deus e influencie outros a experimentarem a vida abundante da qual Jesus nos prometeu.

Sara Biava

Mudanças & Transformações

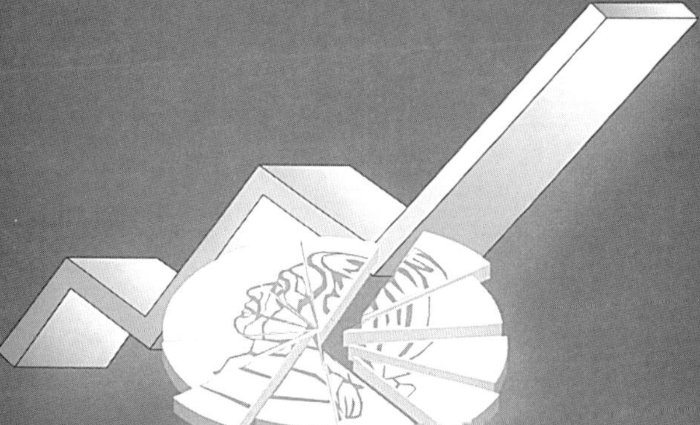

Restaure sua Vida, seus Negócios e suas Finanças

2ª Edição

IFC Editora

IFC
Editora
É Bíblico
cair no
PODER
de Deus?
Thomas V. Dawson

IFC
Editora

Milagres de Deus

Dentes de ouro
Emagrecimento
Cura divina

O PODER DA FÉ A DISPOSIÇÃO DO CRISTÃO!

Andres Aguiar

IFC
Editora
Armas para nossa Batalha
Jonas Rodrigues Ferreira
Estudo no
Livro de Gálatas

IFC
Editora

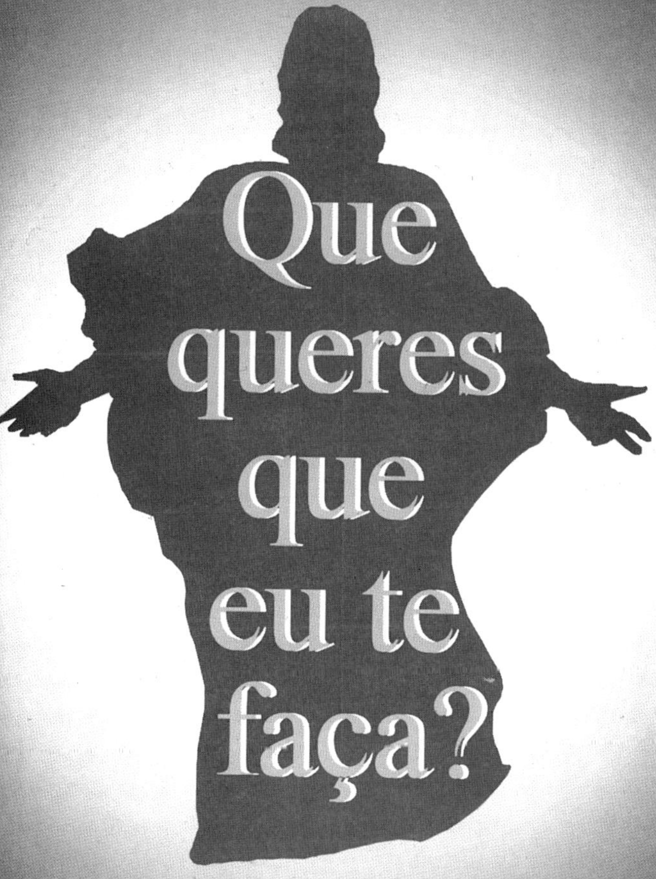

Que queres que eu te faça?

Wilmar Soares Siqueira

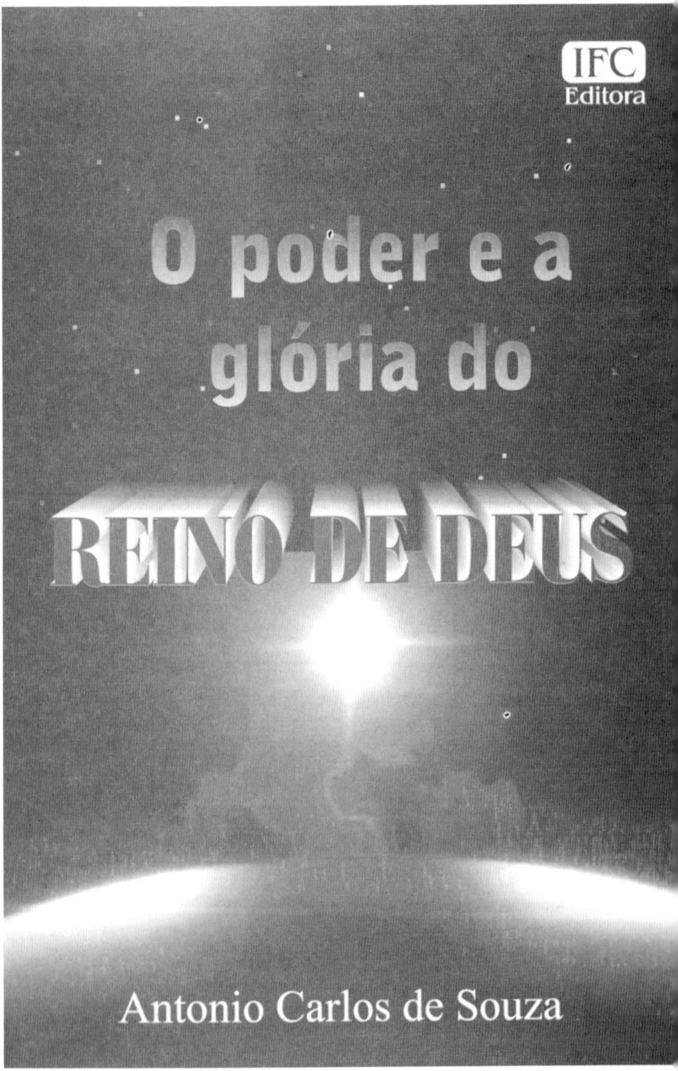
IFC
Editora
O poder e a
glória do
REINO DE DEUS
Antonio Carlos de Souza